Michael Dieterich

Hilfe, ich bin ausgebrannt!

Wie man mit Stress und Burnout umgehen kann

W0409114

FAMILY
johannis

Die Reihe »Johannis-FAMILY« wird herausgegeben von Barbara Jakob.

Bildnachweis:
Umschlagbild: IFA-Bilderteam/Int. Stock
Innenbilder: S. 11: H. J. Richter; S. 23: Leimer/Fotoverlag HUBER;
S. 31: R. Bruckner; S. 43: Weststock/IFA-Bilderteam; S. 51: Ch. Palma;
S. 59: W. Rauch

Die Deutsche Bibliothek – CIP-Einheitsaufnahme

Dieterich, Michael:
Hilfe, ich bin ausgebrannt! : wie man mit Stress und Burnout umgehen kann /
Michael Dieterich. – Lahr : Johannis, 2001
(Johannis-Geschenktaschenbücher ; 7142 : Family)
ISBN 3-501-07142-6

Johannis-FAMILY 07 142
© 2001 by Verlag der St.-Johannis-Druckerei, Lahr
Umschlaggestaltung: Junge & Kleschnitzki, Witten
Gesamtherstellung:
St.-Johannis-Druckerei, Lahr/Schwarzwald
Printed in Germany 14180/2001

Inhaltsverzeichnis

Vorwort 4

Stress – was ist das? 6

Burnout – was ist das? 10
Wie kommt es zum Burnout? 12
Kennzeichen des Burnouts 13
Burnout in der Wissenschaft 16

Therapeutische Ansätze 21
Körperliche Hilfestellungen 21
Verbesserung der Gefühle durch neue Bilder 24
Musik als Therapie bei Stress und Burnout 25
Veränderung des Denkens 32
Biblische Dimensionen der Therapie 36

Zusammenfassung in 10 Punkten 42
1. Stille sein und ruhen 42
2. Sich selbst kennen und annehmen 47
3. Hilfe annehmen 50
4. Distanz zur Arbeit 52
5. Vorsicht vor falschem Mitleid 56
6. Eine andere Welt- und Gottessicht 56
7. Von der Vergebung leben 58
8. Begrenzung der Aufgaben 60
9. Begleitung durch andere 62
10. Stress muss kein Dauerzustand bleiben 62

Literatur 64

Vorwort

Schon unsere Kinder kommen häufig vom Kindergarten zurück mit dem Sätzchen: »Mama, ich bin so sehr im Stress« – und etwas später hören wir von den Schülern, dass sie vom Ausgebranntsein, dem »Burnout«, berichten. Sind dies nur neue Worte für ein uraltes Phänomen? Oder ist unsere derzeitige Beanspruchung doch wesentlich stressiger als früher? Und wenn, was kann man dagegen tun?
Es macht wenig Sinn, der »guten alten Zeit« nachzuträumen. Wir müssen in unserer heutigen Welt leben – und überleben. Und dazu ist es wichtig, die Hintergründe, die zu Stress und Burnout führen, zu kennen, um möglicherweise dagegen angehen zu können. Wir werden aber auch mit einem solchen Wissen zukünftig nicht ganz entspannt leben können, denn eine gewisse Menge an Stress gehört dazu, um den Menschen zu aktivieren. Und wir werden auch zukünftig unsere Kräfte verbrauchen im harten Alltagskampf – aber es muss nicht unbedingt zu einem Ausbrennen kommen, wenn deutlich wird, dass es Möglichkeiten für das Auftanken, das Aufladen der »Lebensbatterie«, gibt.
Im Folgenden sollen sowohl die fachlichen Hintergründe, die zu Stress und Burnout führen, behandelt als auch nach Möglichkeiten gesucht werden, um das Ausbren-

nen zu verhindern. Auch als Christen stehen wir inmitten des Alltags, leben »in der Welt«. Aber es gibt Ressourcen, die nicht »von der Welt« sind; darauf soll im Rahmen dieses Buches – im Unterschied zu der bekannten Anti-Stress-Literatur – ganz besonders hingewiesen werden.

Stress – was ist das?

Im Jahr 1915 erschien in den USA das Buch »Körperliche Veränderungen bei Schmerz, Hunger, Angst und Wut«, in dem der Neurologe und Physiologe Walter B. Cannon die Ergebnisse seiner Untersuchungen über Auswirkungen emotionaler Vorgänge auf körperliche Prozesse beschrieb.

Sowohl bei Tieren als auch bei Menschen in erregenden Situationen konnten eine ganze Reihe an Veränderungen von Körperfunktionen festgestellt werden: verminderte Magen- und Darmtätigkeit, stärkere Durchblutung und höhere Leistungsfähigkeit der Herz- und Skelettmuskulatur, eine Steigerung von Blutdruck, Atem- und Herzschlagfrequenz, einen Anstieg der Zahl der roten Blutkörperchen und des Zuckergehalts im Blut sowie eine verlangsamte Blutgerinnung. Alle diese Wirkungen konnte er auf eine gesteigerte Aktivität des vegetativen Nervensystems zurückführen.

Cannon fragte allerdings nicht nur nach den Steuerungsmechanismen, sondern auch nach dem biologischen Sinn der unterschiedlichen Reaktionen, und sein Schluss war: Alle genannten Auswirkungen erhöhen die Fähigkeit des Individuums, sich aktiv mit kritischen Umweltsituationen auseinander zu setzen – bereiten es also auf Kampf oder Flucht vor. Und er entdeckte zusätzlich, dass nicht

jeder emotionale Prozess den Organismus aktiviert. Vielmehr kann eine missliche Situation, wenn sie sich durch Handeln nicht ändern lässt, auch ein apathisches und inaktives Verhalten auslösen, wobei unter anderem die Herzschlagfrequenz sinkt und der Blutdruck fällt.
Nach Cannon war es der österreichisch-kanadische Mediziner und Biochemiker Hans Selye, der im Rahmen seiner Forschungsarbeiten im Jahr 1950 den Begriff »Stress« in die Biomedizin einführte. Er bezeichnete damit die unspezifische Reaktion eines Organismus auf jede übermäßige Belastung. Und er nannte dieses Phänomen das allgemeine Anpassungs- oder Stresssyndrom. Er unterschied dabei zwischen Stress und Stressoren, d.h. den Stress auslösenden Faktoren. Ein Stressor kann große Kälte ebenso sein wie Sauerstoffmangel, eine körperliche Anstrengung oder auch Angst und Wut.
Wie Cannon zeigte auch Selye, dass sich bei der Reaktion auf Stressoren typische Phasen zeigen:
Sobald die Belastung einsetzt, steigen Pulsfrequenz und Blutdruck, die Atmung beschleunigt sich, die Skelettmuskulatur wird besser durchblutet und aus den Vorräten der Leber wird Energie in Form von Blutzucker bereitgestellt. Die akute Stressreaktion steigert also die Leistungsfähigkeit sehr deutlich und erhöht die Chance, die gefährliche Situation zu meistern. Wenn solche Belastungen nur kurzfristig und seltener auftreten, bleiben sie für den Organismus ohne weitere Folgen; bereits

kurz danach erlangt er seinen ursprünglichen Zustand wieder zurück. Eine nur teilweise Rückbildung der physiologischen Symptome bei der Alarmreaktion zeigt jedoch schon eine beginnende Anpassung an. Langfristigen Belastungen hingegen (z. B. großer Kälte oder unablässigen Kämpfen) passt sich der Körper durch eine Veränderung seines physiologischen Zustandes an. Von besonderer Bedeutung ist in diesem Stadium der Abwehr eine erhöhte Nebennierenrindenaktivität.
Selye konnte deutlich machen, dass Stress in Maßen zur Leistungssteigerung und Kreativität notwendig ist. Bei zu schwerem oder zu lange anhaltendem Stress bricht allerdings das Anpassungsvermögen zusammen. In diesem Stadium kann sogar der Tod eintreten. Die moderne Immunologie hat die Befunde von Selye teilweise bestätigt. Komplexere psychologische Stressoren, z. B. Examens- und Schulstress, Schlafentzug, der Verlust nahe stehender Personen, gehen mit einer reduzierten Immunreaktion einher. Nicht nur physikalische Reize wie Lärm oder Elektroschocks sind demnach als Stressoren anzusehen, sondern auch der Schmerz eines Kindes über die Trennung von seiner Mutter oder der Tod eines geliebten Menschen. Auch Einsamkeit ist also einer der Faktoren, die zu einer verringerten Immunzellenaktivität führen können. Mehrere Untersuchungen haben gezeigt, dass die Reaktionen verschiedenartig sein können. So verfielen einige Menschen nach einem Ver-

lust in schwere Depressionen, andere tendierten dazu, geringere Immunität gegenüber Krankheiten zu zeigen. Interessant war bei diesen Untersuchungen allerdings auch, dass eine ganze Reihe von gestressten Menschen gesund blieben, und einer der Gründe hierfür war, dass es besonders wichtig ist, ob die betreffende Person das extreme Ereignis kontrollieren konnte.

Deutlich gemacht wurde auch, dass die Stresstoleranz der einzelnen Menschen sehr individuell sein kann. Bemerkenswert bei diesen Untersuchungen ist, dass sowohl angenehme als auch unangenehme Erlebnisse stressen können und dass auch die komplette Freiheit von Stress nach Selye den Tod bedeuten kann.

Burnout – was ist das ?

Stress und Ausgebranntsein stehen in einem sehr engen Zusammenhang. Im Jahr 1974 wurde das Wort »Burnout« in den USA von dem Psychoanalytiker Freudenberger, gleichzeitig mit Ginsburg, geprägt. Dabei war damals vor allem der psychische und physische Abbau von zumeist ehrenamtlichen Mitarbeiter in Wohngemeinschaften, freien Kliniken, Frauenhäusern usw. gemeint. Ab 1976 wurde das Phänomen auch für die vollzeitlichen Sozialberufe beschrieben und heute kommen viele weitere Berufsgruppen, einschließlich der Hausfrauen, ins Blickfeld. 1981 erschienen die ersten Veröffentlichungen deutscher Autoren.

Bei einer genaueren Untersuchung ist das englische Wort »burnout« allerdings nicht ganz passend, denn es ist damit eigentlich das schnelle und heftige Verbrennen in Öfen gemeint oder das Durchbrennen von Sicherungen. Besser wäre das Bild einer Autobatterie, die nicht mehr über die Lichtmaschine aufgeladen wird – aber trotzdem ihre Höchstleistung abgeben soll.

Wie kommt es zum Burnout?

Ähnlich wie bei anderen seelischen Störungen müssen wir auch beim Burnout von einem multifaktoriellen Hintergrund ausgehen, der zudem recht deutlich durch die Persönlichkeitsstruktur des jeweiligen Menschen bedingt ist.
In der Literatur finden sich eine ganze Reihe von sehr verschiedenartigen Erklärungsansätzen: enttäuschte Rollenerwartungen, pessimistische Erwartungen für die Zukunft, gescheiterte Lebenspläne, Zielverfehlung usw. Diese Erlebnisse führen zu einem hohen Ausmaß an unbewältigtem Stress (der besonders gefährlich ist, während »normaler« Stress ja, wie oben beschrieben, sogar zur Leistungssteigerung führt), zu Hilflosigkeit, zur fehlenden oder zu geringen Autonomie des Einzelnen.
Aus dem Bereich der sogenannten »Helfer-Berufe« (Sozialpädagogen, Psychotherapeuten, Ärzte, Seelsorger usw.) ist bekannt, dass in der Regel nach ca. 8- bis 10-jähriger Arbeit immer häufiger Klagen kommen, die man bisher nicht so deutlich gehört hatte:

- Die Probleme steigern sich – täglich kommen neue und schwierigere hinzu.
- Die Last des Unaufgearbeiteten wird immer größer – Frustration macht sich breit.
- Man hat mit kraftvollem Schwung begonnen – heute ist die Müdigkeit groß geworden.

- Früher war viel Freude da – heute wird die Arbeit zum Routinegeschäft.
- Man hatte Hoffnung, etwas zu bewegen – sie hat heute der Resignation Platz gemacht.
- Man dachte, dass sich die Menschen ändern – sie sind gleich geblieben.

Sicherlich gibt es diese Klagen nicht nur bei den Helfer-Berufen; sie sind heutzutage ganz allgemein in unserer hektischen Arbeits- und Freizeitwelt verbreitet.

Wohin mit solchen negativen Fakten und Gefühlen? So fragen sich viele Menschen. Und: Darf man sie überhaupt weitersagen? Man wurde in eine Aufgabe berufen, hat viel Arbeit und Ausbildungszeit investiert, sein Leben danach eingerichtet – und dann entdeckt man, dass bestimmte Strukturen in Familie, Beruf und Gemeinde die seelischen Krankheiten geradezu provozieren. Aber man wird nicht gehört und vielleicht sogar wegen solcher Klagen der »ständigen Nörgelei« bezichtigt.

Kennzeichen des Burnouts

Das Burnout-Syndrom hat viele Ähnlichkeiten mit einer beginnenden Depression. Der Erschöpfungszustand wird körperlich, seelisch, geistig und geistlich deutlich und zeigt sich dabei folgendermaßen:

Körperliche Erschöpfung
Verlangsamte Bewegung; Müdigkeit; Schlaf- bzw. Durchschlafstörungen; Magenbeschwerden; Sexualschwierigkeiten; Verstopfung usw.

Seelische Erschöpfung
Niedergeschlagenheit; Hilflosigkeit; Weinen; man meint, nichts mehr geben zu können; die Familie und Freunde sind keine Kraftquellen mehr; Einsamkeit; Entmutigung; Ernüchterung usw.

Geistige Erschöpfung
Negative Einstellungen zu sich selbst, zur Arbeit und zum Leben allgemein; Minderwertigkeitsgefühle; Selbstbeschuldigung; Entwicklung von inhumanen Einstellungen gegenüber den anderen Menschen usw.

Geistliche Erschöpfung
Wenig Freude beim Lesen der Bibel; wenig Erwartung von Gebetserhörungen; Kritik an den Gemeindegliedern, an den Pastoren usw.

Immer wieder findet man in diesem Zusammenhang auch den zunehmenden Verlust von Idealismus und Energie, bezogen auf die Bedingungen in der konkreten Lebenssituation: als unzureichend empfundene Ausbildung, Überlastung durch zu intensive Arbeit, geringe Bezahlung, unangemessene Verteilung der Beachtung in Ehe, Familie und Gemeinde und wenig Dank von Menschen, die für die Person wichtig sind.

Burnout in der Wissenschaft

Matthias Burisch (1994) hat die Burnout-Symptomatik in sieben Kategorien beschrieben:

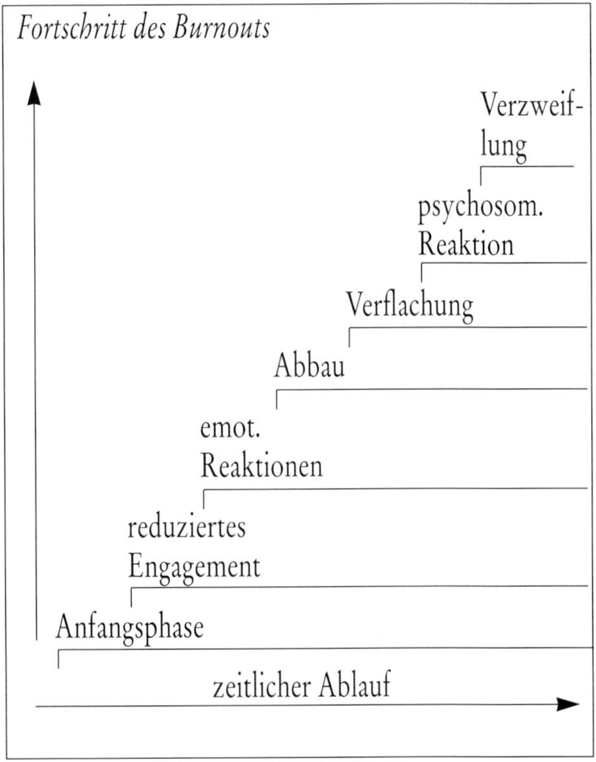

Phase 1: Anfangsphase

Es ist leicht verständlich, dass ein Mensch, der auszubrennen beginnt, vorher gebrannt haben muss. Burnout betrifft deshalb nur Menschen, die ein überdurchschnittliches Engagement für ihre Ziele entwickeln und diese hochmotiviert anstreben. Das Problem beginnt dann, wenn es zu einem Missverhältnis zwischen Anstrengungen und Belohnung kommt. Bei vielen Berufsanfängern zeigt sich zu Beginn ihrer Tätigkeit ein hohes Engagement, das jedoch nicht unbedingt zum Burnout führen muss, sondern sich in aller Regel auf ein Normalniveau einpendelt.

Phase 2: Reduziertes Engagement

Hohes Engagement kann, wenn die Ziele nicht erreicht werden, zu einem Rückzug führen. Bei medizinisch-therapeutischen Berufen geht dies oft über den Weg der Entpersonalisierung. Man spricht dann davon, dass die Patienten doch selbst schuld sind, nichts anderes verdient haben, sich mit ihrer seelischen Krankheit »aufspielen« wollen usw.
Aus der Begeisterung für die Arbeit entwickelt sich ein Überdruss, der sich später auf weite Bereiche des Lebens ausdehnen kann. Zuspätkommen zur Arbeit, Verlängerung der Pausen usw. schleichen sich ein. Der Traum

vom Wochenende und vom Urlaub, insgesamt der Rückzug ins Private wird lebensbestimmend.

Phase 3: Emotionale Reaktionen

Die Frustration, dass die Ziele nicht erreicht worden sind bzw. nicht erreicht werden können, muss psychisch aufgearbeitet werden. In der Literatur finden wir hierzu eine passive (Depression) und aktive (Aggression) Form. Manche Autoren deuten dies auch als eine Art von »Trauerarbeit« für den Verlust der nicht erreichten Ziele an. Sieht der Betroffene sich selbst als Ursache, dann wird er wohl eher depressiv reagieren; nicht selten kommt ein drückendes Schuldgefühl hinzu.
Wer die Schuld bei anderen sieht, reagiert in der Regel eher aggressiv. Er kann sich zu einem Menschen entwickeln, der alle anderen tyrannisiert.

Phase 4: Abbau

In dieser Phase kommt es zu einem deutlichem Abbau der kognitiven Leistungsfähigkeit, was sich beispielsweise in verringerter Merkfähigkeit (z. B. werden Termine vergessen), geringerer Kreativität und vor allem fehlender Motivation zeigt. Wenn irgend möglich findet ein »Dienst nach Vorschrift« statt, der auch keine Kräfte für Innovationen erforderlich macht.

Die für den Verantwortlichen notwendige differenzierte Sicht der Person und der Umstände im System wird zunehmend in Richtung eines Schwarzweißdenkens verändert. Klassische Killerphrasen der Kommunikation wie »Das haben wir doch immer schon so gemacht« werden zur Regel.

Phase 5: Verflachung

Bei einer Zunahme der für Phase 4 beschriebenen Symptome wird die gesamte Persönlichkeit, d. h. das Denken, Fühlen, Handeln und Glauben, eingeschränkt (»flacher«). Wenn dem so ist, kann dies zu einem wahren Teufelskreis werden, denn wer nach außen hin flach wirkt, erhält auch weniger Reaktion von anderen.

Phase 6: Psychosomatische Reaktion

Während bisher schwerpunktmäßig affektive und kognitive Veränderungen sichtbar waren, kommt es jetzt zunehmend zu deutlichen psychosomatischen Symptomen. Schlaf- und Durchschlafstörungen, Verspannungen usw. sind die somatischen Konsequenzen für negative Denkansätze. Aber auch veränderte Ess- und Trinkgewohnheiten (z. B. häufiges Essen von Süßigkeiten, vermehrter Alkoholgenuss, verbunden mit verlangsamten Bewegungen), lassen das Körpergewicht oft schnell ansteigen (obwohl man dies eigentlich gar nicht merkt und bei den Mahlzeiten »normal« isst). Nicht selten findet man im diesem Stadium des Burnouts auch koronare Störungen, Magengeschwüre usw.

Phase 7: Verzweiflung

Das Endstadium des Burnouts, die Verzweiflung, wird im amerikanischen Sprachraum oft als »Meltdown« bezeichnet. Damit ist ein Abschmelzen gemeint, einer Kerze etwa, die sich verbrannt hat. Das bisher nur zeitweilige Gefühl der Hoffnungslosigkeit ist nun zu einer dauernden Stimmung geworden. Das Leben hat keinen Sinn mehr. Selbstmordgedanken tauchen auf – und werden nicht selten auch verwirklicht.

Therapeutische Ansätze

Der wohl gefährlichste Weg ist die Verleugnung von Stress und Burnout. Wir dürfen als gestresste Menschen zugeben, dass wir müde geworden sind. Aber wir sollten nicht aufgeben, sollten davon ausgehen, dass derjenige, der »brennt«, grundsätzlich in der Gefahr steht, zu viel »Brennstoff« zu verbrauchen. Es geht also darum, diesen verbrannten Stoff wieder zu ersetzen. Aber wo und wie soll man damit beginnen?
Weil wir von einem biblischen Menschenbild herkommen, gilt es, den Menschen ganzheitlich zu sehen: Leib, Seele und Geist in ihren Wechselwirkungen zu erkennen und zu stärken.

Körperliche Hilfestellungen

Neuere Untersuchungen haben bestätigt, dass ein leichter Dauerlauf (Jogging) die Botenstoffe im Gehirn so anregt, dass man sich danach auch psychisch viel besser fühlt. Auch eine längere Wanderung und danach ein warmes Bad helfen zur Verbesserung des Burnout-Zustands. Schon Thomas von Aquin empfiehlt, nach einem seelischen Verlust ein Bad zu nehmen, und meint, dass das Bad in besonderem Maße »delectationem causat et per consequens tristitiam mitigat« (dass es Lust bereitet und also Depressionen mildert). Er kann sich dabei auf Augustinus stützen, von dem das Wort stammt, dass das Baden »anxietatem pellet ex animo«, also geeignet ist, Angstzustände aus der Seele zu vertreiben.

Viel zu wenig reden wir auch vom guten und maßvollen Essen und Trinken (und viel zu häufig von den darin enthaltenen Kalorien). Es war für unsere Vorfahren geradezu selbstverständlich, dass ein Mensch in seelischer Not zuerst einmal schauen muss, dass er gut isst und trinkt. »Essen und trinken hält Leib und Seele zusammen«, sagt eine Volksweisheit, und auch hier ist es wieder Augustin, der meint: »Wenn einer sich so sehr des Weins enthielte, dass seine Gesundheit Schaden nähme, so würde er eine Sünde begehen.«

Körperliche Entspannungsübungen gehören weiterhin zu diesem Bereich der Psychohygiene. Die »Progressive Muskelentspannung« oder regelmäßiges Atmen mit Musik sind z. B. ausgezeichnete Mittel, um dem seelischen Druck entgegenzuwirken.

Eine ganz wichtige Regel sollte beherzigt werden, auch wenn alles dagegen spricht: Wer seelisch ausgebrannt ist, braucht Ablenkung und darf sich deshalb nicht absondern und weiter still vor sich hingrollen. Er sollte in die Gemeinschaft – »unter die Leute« gehen.

Verbesserung der Gefühle durch neue Bilder

Negative Gefühle kommen häufig aus der rechten Gehirnhälfte, die den nichtsprachlichen Anteil unseres Verhaltens und Erlebens steuert. Hier haben insbesondere Bilder und Musik ihren Ort. In diesem Areal gilt nicht die sprachliche Logik, ja man kann diese Eindrücke überhaupt nicht sprachlich erklären, sondern muss sie erleben. Therapeutisch gesehen geht es nun darum, eine »Sprache« zu finden, die auch die rechte Gehirnhälfte mit dem eher negativen Hintergrund so anspricht, dass sich die Gefühlslage – und damit das Burnout – verbessert. In unserem westlichen Kulturkreis ist allerdings dieser Teil des Gehirns zu wenig aktiviert. Ich schlage vor, weil dies das Hauptgebiet der rechten Gehirnhälfte ist, mit positiven Bildern zu arbeiten. Dies können reale Bilder (Gemälde, Zeichnungen, Fotografien usw.) sein, die für den Betrachter »schön« sind. Schön ist dabei nicht eine Frage an die Kunstkritiker, sondern an das subjektive Befinden.

Um diese bildhafte Vorstellung zu verbessern empfehlen wir den häufigen Besuch von Gemäldegalerien oder die intensive Betrachtung von Kunstbänden. Eine andere Art von positiven Bildern lässt sich im Tierpark oder im botanischen Garten vermitteln. In allen Fällen gilt: beim Ansehen nicht grübeln, sondern die sinnlichen Eindrücke wirken lassen.

Man sollte sich auch die vielen bildhaften Bibelstellen realistisch vorstellen. So ist z. B. das bekannte Pauluswort: »Ich vergesse, was dahinten ist, und jage nach dem Ziel« (Phil. 3,14) dann ganz besonders gegen Stress und Burnout hilfreich, wenn man sich dieses Ziel als schönes Bild vorstellt. Auch bei dem Psalmwort »Du stellst meine Füße in einen weiten Raum« wird dies recht deutlich. Um den befreienden Ansatz dieses Wortes ganzheitlich aufzunehmen, sollte man sich ein besonders schönes Bild dieses Raumes vorstellen. Man darf sich auch, was die Zukunft anbelangt, den Himmel bildlich vorstellen. Für viele Christen ist dies im Sinne von Offenbarung 21,10 ff. ein Quader mit goldenen Gassen. Sie scheuen sich, weiter gehende Vorstellungen zu entwickeln, weil sie Angst davor haben, ein biblisches Gebot zu übertreten, oder sie fürchten, wegen dieser konkreten Hoffnung ausgelacht zu werden. Für den Weg heraus aus dem Burnout geht es aber nicht um ein Bild von Gott, das dann tatsächlich zum Götzen würde, sondern um die konkrete Vorstellung des Schönsten, was sich ein Mensch je ein»bilden« kann: den Himmel.

Musik als Therapie bei Stress und Burnout

Bereits im Alten Testament wird von der beruhigenden Wirkung der Musik berichtet, z. B. beim Harfenspiel des

Hirtenjungen David vor dem König Saul (1. Sam. 26, 15-23). Wir lesen aber auch im NT, dass das Singen zum Gottesdienst gehört (Eph. 5,19) oder dass jemand, wenn er guten Mutes ist, Psalmen singen möge (Jak. 5,13). Die Kirchengeschichte ist ohne eine singende bzw. musizierende Gemeinde undenkbar. Oftmals haben die »Liedermacher« sogar die Prediger ihrer Zeitepoche überlebt, denken wir dabei an Paul Gerhardt, Gerhard Tersteegen usw. Aber auch heute noch können wir uns einen Evangelisations- oder Anbetungsgottesdienst ohne Musik nicht vorstellen.
Um Stress zu verhindern, ist es allerdings wichtig, dass man der Musik keine eigenständige (auch keine übersinnliche oder dämonische) Kraft zuspricht. Sie ist eher als ein Übertragungs- bzw. Kommunikationsmittel zu sehen und sie kann dann in dem Sinne auch zur körperlichen Entspannung eingesetzt werden. Vor diesem Hintergrund wird es interessant, die Wirkung von Musik zur Entspannung bei Stress und Burnout genauer zu untersuchen. Bei einer Groborientierung können wir von zwei verschiedenen (und natürlich zumeist gemeinsam auftretenden) Wirkungsweisen ausgehen.

1. Psychologische Effekte von Musik

Man kann »neutrale« Musik in eine Verbindung mit psychischen Zuständen (Erregung, Freude, Entspannung,

Trauer, Ekstase usw.) bringen und sie dadurch »konditionieren«. Wenn z. B. ein Choral in der Gemeinde in einer für das Kind stimmungsvollen (oder entspannenden oder einfach »schönen«) Umgebung in der Kirche angeboten wurde, dann wird diese Musik mit Erregung oder Freude oder Entspannung verbunden (konditioniert), und immer wenn der Choral dann erneut ertönt, kommt es auch wieder zu den entsprechenden Gefühlen. So gesehen ist es jedoch auch verständlich, dass der in einer eher negativen Umgebung erstmalig gehörte (und für andere Gemeindeglieder »schönste«) Choral für einzelne Christen negativ konditioniert ist – was sogar so weit führen kann, dass im Sinne einer Generalisierung dann alle Choräle zu einer negativen Stimmung führen.
Dies ist einer der Gründe, warum Menschen so verschiedenartig auf dieselbe Musik reagieren können. Und wir müssen deshalb als Eltern verstehen, dass eine für unsere Ohren unliebsame Musik, die uns stresst, für unsere Kinder, die sie in einer für sie positiven Umgebung erlebt haben, durchaus »schön« sein kann – obwohl wir uns am liebsten beide Ohren zuhalten würden. Verständlich wird damit auch, warum manche Kinder mit »ihrer« Musik besser die Schularbeiten erledigen können als ohne: Sie werden dabei in eine positive Stimmung versetzt. Natürlich gibt es hierbei fließende Grenzen zur nachfolgend beschriebenen physiologischen Wirkung der Musik.

2. Physiologische Effekte von Musik

Neben solchen Lerneffekten wirkt Musik auch direkt auf den Menschen ein. Dabei sind es weniger die Texte als der Rhythmus, der beruhigen oder aufwühlen kann. Für Musiker kaum verständlich ist, dass hier der musikalische Geschmack nur eine kleine Rolle spielt. In allen Kulturkreisen gibt es z. B. Wiegenlieder, die in sehr langsamem Tempo vorgetragen werden und recht enge Intervalle aufweisen. Bekannt ist auch, dass viele Komponisten intuitiv einen langsamen Rhythmus einsetzen, wenn sie eine entspannende Stimmung erreichen wollen. Mit den modernen Untersuchungsinstrumenten konnte man feststellen, was dabei im Körper abläuft: Der Herzschlag, der üblicherweise ca. 70–80 Schläge pro Sekunde ausmacht, wird durch langsame Musik (z. B. die Aria aus den Goldberg-Variationen von J. S. Bach) auf das Tempo 60 reduziert bzw. durch die Musik synchronisiert. Da zwischen der Herzfrequenz und den Gehirnwellen ein Zusammenhang besteht, werden diese auch beeinflusst. Man hat festgestellt, dass Menschen ganz erstaunliche geistige Leistungen vollbringen können, wenn der Körper ganz entspannt ist und die Gehirnwellen eine Alpha-Ausprägung produzieren. Ziel der Entspannungsübungen ist es vor diesem Hintergrund, einen Weg zu finden, bei dem der Körper entspannt und ohne Stress und das Gehirn gleichzeitig hellwach ist. Dies gelingt ganz be-

sonders gut durch die oben beschriebene Musik im 60er-Rhythmus. Untersucht man die Barockmusik von Komponisten wie Bach, Vivaldi, Corelli und Händel genauer, so wird deutlich, dass gerade die Largo- und Grave-Sätze eine entsprechende Wirkung haben. In ihnen finden wir einen solchen Rhythmus. Diese Art von Musik enthält häufig eine Bassstimme, die wie ein langsamer menschlicher Pulsschlag klingt. Beim Zuhören stellt sich der Körper auf diesen »Pulsschlag« ein und versucht seine Funktionsrhythmen zu synchronisieren: Er entkrampft sich und der Geist bleibt dabei wach.
Neben diesem eher passiven Musikkonsum sollte man unbedingt auch der aktiven Musik wieder mehr Raum geben, also wieder mehr singen, um Stress und Burnout zu begegnen – und dabei nicht warten, bis die anderen beginnen. Möglicherweise hält die hohe Qualität der Profis immer mehr Menschen davon ab, selbst aktiv zu musizieren. Sie behaupten, unmusikalisch zu sein, nur zu krächzen, den Ton nicht halten zu können usw. Es ist wichtig zu wissen, dass es gar keine unmusikalischen Menschen gibt, sondern nur eine Menge von Verhinderungsgründen für Musikalität. Man braucht kein absolutes Gehör, keine Gesangsausbildung und auch keinen teuren Synthesizer, um aktiv zu musizieren. Man sollte auch nicht versuchen, die Profis zu erreichen, sonst ist man schnell frustriert. Ein kleiner Tipp: Vielleicht beginnen Sie bei der nächsten Autofahrt, wenn sie alleine

sind und niemand zuhört, die Lieder aus der Kindheit einmal wieder zu singen – und das nächst Mal auch dann, wenn ein Beifahrer daneben sitzt, zusammen mit ihm. Sie werden fröhlicher ans Ziel der Reise kommen. Nach einiger Zeit werden Sie feststellen, dass etwas fehlt, wenn Christen zusammen sind und nicht singen. Gott wohnt im Lobpreis seines Volkes. Und wenn wir zu Gottes Ehre singen und musizieren, geschieht ein Doppeltes: Wir loben ihn – und Lob und Freude kehren gleichzeitig in unser Herz ein.

»Geh aus mein Herz und suche Freud«, dichtete Paul Gerhardt und zeigte uns damit einen aktiven Weg heraus aus Stress und Burnout. Man sollte also nicht auf eine irgendwann oder irgendwie einmal kommende Freude warten, sondern auf die Suche danach gehen. Auch in der größten Traurigkeit und Verzagtheit kann dann neue Freude aufkommen. Die »alten« Lieder von Paul Gerhardt, Gerhard Tersteegen und Philipp Friedrich Hiller lassen sich dabei ganz hervorragend mit den neuen Anbetungsliedern kombinieren. Auch das passive Hören von Musik ist sehr hilfreich. Stellen Sie sich Ihre Lieblingskollektion zusammen und versuchen Sie beim Zuhören nicht über wichtige Probleme nachzudenken, sondern stellen Sie sich, wie oben beschrieben, dazu ein wunderschönes Bild vor.

Veränderung des Denkens

Wir wissen von der Kognitiven Therapie, dass es nicht die Sachverhalte selbst sind, die unsere Stimmungslage und unser Verhalten entscheidend beeinflussen, sondern die Art und Weise, wie wir darüber denken. Das bedeutet, dass unser Denken mit Stress und Burnout in einem engen Zusammenhang steht. Nachfolgend einige Hilfestellungen:

Perspektivenübernahme kann auch gefährlich werden

Viele Menschen sind deshalb sehr gestresst bzw. ausgebrannt, weil sie sich zu intensiv in andere einfühlen. Das besonders für den Seelsorger so wichtige »Werkzeug« der Perspektivenübernahme kann damit zu einem Bumerang werden. Es hilft dem Gesprächspartner wenig, wenn ich mehr leide als er selbst, deshalb muss ich mich im Gespräch bezüglich meiner eigenen Einfühlsamkeit immer wieder neu überprüfen, um nicht zu viele seelische Kräfte zu »verbrennen«.

Man kann nicht immer »Ja« sagen

Oftmals führt eine falsche Perspektivenübernahme auch dazu, dass man meint, allen Bitten anderer Menschen entsprechen zu müssen. Ob es nun die Anfrage nach ei-

nem Vortrag, um Überstunden, Kinderhüten usw. ist, spielt dabei eine untergeordnete Rolle. Natürlich gibt es viele wichtige Werke nur deshalb, weil Menschen mehr tun als üblich. Aber müssen dies denn immer dieselben sein?
Wenn Sie am Ende Ihrer Kräfte sind und Schwierigkeiten mit dem Neinsagen haben, dann könnten Sie sich folgenden Satz zusprechen: »Ich bin zwar einmalig – aber nicht unersetzlich.« (Vielleicht fragen Sie sich jetzt beim Lesen sofort, wer Sie denn wohl ersetzen könnte. Natürlich wird es diese Person nicht annähernd so gut machen wie Sie selbst – aber immerhin …)

Kausale Attribuierung stresst und lässt ausbrennen

Eine recht große Gefahr für die seelische Befindlichkeit ergibt sich, wenn wir von einem relativ kleinen Fehler auf unsere Gesamtleistung schließen. Diese »kausale Attribution« hat schon zu viel Stress geführt und Menschen ausgebrannt. Wenn wir einen Fehler machen, dann ist dieser Fehler schlecht – nicht aber der ganze Mensch. Es ist wichtig, sich immer wieder Sätze zuzusprechen, die lauten könnten: »Ich bin o. k. – aber ich mache immer noch Fehler und will versuchen, diese zukünftig zu verhindern.«

Im biblischen Sinne komplementär denken

Mit der biblischen Art zu denken lassen sich manche Hintergründe für Stress und Ausbrennen nicht nur besser erklären, sondern es lässt sich auch erfolgreicher damit umgehen. Die Dinge des Lebens komplementär zu sehen (d. h. aufeinander bezogen) bedeutet, dass zum Abend immer der Morgen, zur Trauer die Freude, zur Kälte die Hitze gehört. Für den Umgang mit Stress ist es wichtig, die Endlichkeit der Schmerzen und des Leids zu betonen. So wie zum Abend immer der Morgen hinzugehört, gehört zur Trauer die Freude. Wir dürfen wissen: Kein Leid dauert unendlich. Was ausgebrannt ist, kann wieder aufgefüllt werden. Es gibt nach der oben beschriebenen 7. Phase der Verzweiflung die Möglichkeit eines Neuanfangs.

Die Punkte zwischen den Sätzen anders setzen

Von Paul Watzlawik kennen wir die Axiome zur Kommunikation. Viel zu selten wird vor diesem Hintergrund die Gesetzmäßigkeit einer neuen Interpunktion beachtet. Wenn ich zu meinem Chef (oder Pastor oder Ehepartner) sage: »Ich ärgere mich, weil du mich nicht beachtest«, wird er möglicherweise antworten: »Ich beachte dich nicht, weil du dich ärgerst.« Aus einem solchen Kreisprozess zwischen Rede und Gegenrede kommt man normalerweise nur schwer heraus und das Ergebnis ist dann nicht selten der Abbruch der Beziehungen und nachträgliches Schweigen. Eine Hilfe kann sein, wenn man den »Punkt« im Satz anders setzt und sagt: »Ich ärgere mich« und »Ich würde gerne beachtet werden« bzw. der andere Gesprächspartner sagt: »Ich mag deinen Ärger nicht.«

Wer hundertprozentige Ergebnisse will, braucht zu viel Kraft

Man sollte wissen, dass der Zusammenhang zwischen Leistung und Perfektion nicht linear verläuft, sondern dass die Kurve Sättigungscharakter zeigt. Wer eine hundertprozentige Leistung erreichen will, braucht für die letzten 10% der Perfektionierung nochmals so viel Aufwand wie für die bisher erreichten 90%. Solche Ergebnisse geben zu denken und zeigen, wo häufig die nur noch spärlich vorhandenen Kräfte auf der Strecke bleiben: bei der Perfektion und nicht bei der Hauptarbeit. Fragen Sie sich doch einmal: Müssen denn Schränke wirklich auch auf der Rückseite gestrichen oder Unterhemden gebügelt werden?
Mit dem Satz »Ich darf keine Fehler machen« oder »Ich erwarte von mir eine hundertprozentige Leistung« vergrößern viele Menschen ihren Stress und beschleunigen damit das Ausbrennen. Vielleicht könnten wir lernen,

dass auch 90% eines erreichten Zieles schon sehr viel sind?

Biblische Dimensionen der Therapie

Wenn wir vor biblischem Hintergrund das Problem von Stress und Erschöpfung angehen, dann müssen wir umdenken. Ich möchte die Behauptung aufstellen, dass ein bestimmtes Ausmaß an Stress und Erschöpfung für Menschen, die »Botschafter an Christi statt« sind, normal ist. Es gibt vielleicht sogar eine »geistliche Erschöpfung«, die zum Leben eines solchen »Botschafters« hinzugehört. Die geistliche Erschöpfung, so Oswald Chambers, »kommt nicht von der Sünde, sondern hängt davon ab, woher du deine Hilfskräfte nimmst. Jesus sagte zu Petrus (Joh. 21,6) ›Weide meine Schafe‹ und er gab ihm nichts zu füttern.« Chambers fährt fort: »Wir müssen lernen, dass wir die Nahrung für andere Seelen sein müssen, bis sie gelernt haben, sich selbst aus Gott zu ernähren. Sie müssen dich ausschöpfen bis auf den Grund. Doch achte sorgfältig darauf, dass du die notwendige Zufuhr erhältst, sonst wirst du bald gänzlich erschöpft sein. Ehe andere Seelen gelernt haben, unmittelbar aus dem Leben des Herrn Jesus zu schöpfen, müssen sie durch dich aus Ihm schöpfen; du musst buchstäblich ›ausgesaugt‹ werden, bis sie gelernt haben, ihre Nahrung aus Gott zu ziehen. Wir sind es Gott schuldig, für seine Lämmer und Schafe unser Bestes zu sein, so gut wie für Ihn selbst. Sei erschöpft für Gott, doch bedenke auch, dass die Stärkung von Ihm kommt! ›Alle meine frischen Quellen sind in Dir‹ (Ps. 87,7).«

Fazit: Diese Art der Erschöpfung gehört zum Leben eines Christen möglicherweise hinzu. Wir können uns in unserer Aufgabe nicht der Welt gleichstellen, deren Prämissen Autonomie und Hedonismus sind. Es kann in unserem Leben nicht ausschließlich darum gehen, dass wir gesund und guten Mutes sind, sondern dass Gemeinde Jesu gebaut und begleitet wird.

Aber natürlich sollte das Burnout nicht die Verzweiflungsphase erreichen, und tatsächlich geht es, wie Chambers formulierte, darum, zu neuen Quellen und neuen Wegen zu gelangen, die das Verbrannte ersetzen können. Wie dies geschehen kann, wird an einem Propheten Gottes deutlich, der alle Phasen des Burnouts durchlebt hat: Elia. Lesen Sie doch einmal seine dramatische Geschichte in 1. Könige 17–19.

Aus neuen Quellen schöpfen

Elia war ein Mann unter der Leitung Gottes. Er tat seinen prophetischen Dienst, indem er Ahab die Dürrezeit als Konsequenz für seine Sünde ansagte. Elia überstand die Dürre, während andere am Verhungern waren, scheinbar unbeschadet. Gott versorgte ihn durch die Raben und bei der Witwe zu Sarepta. Und danach das schwere Gottesurteil: Elia kämpfte als ein Mann, von dem die anderen fragten, woher er wohl seine feste Überzeugung und seine immense Kraft nehme. Person und Aufgabe waren bei ihm identisch. Gott stellte sich zu ihm, er ließ Feuer regnen, und das Volk rief: Der Herr ist unser Gott.

Elia ist ein Vorbild für »Botschafter« im Reich Gottes. Ein großartiger Prophet. Er steht für alle im Reich Gottes, die das geistliche Ziel vor Augen haben. Und er machte auch eine »geistliche Karriere«: Er führte das Volk zum Glauben an Gott. Die Motivation war da und der Erfolg ebenso. Bis zu diesem Zeitpunkt zeigt sich noch keine Spur von Stress und Burnout.

Aber wir dürfen bei dem Sieg nicht aufhören, denn der nächste Schritt folgte. Isebel, die Frau Ahabs, versuchte, ihn zu töten. Der starke Elia, der mit den falschen Propheten gekämpft hat, ist nun plötzlich ganz schwach. Man kann sich das kaum vorstellen. Aber es kommt gar nicht so selten vor, dass mitten im Sieg ein Einbruch erfolgt. Er hat Angst und flieht, setzt sich unter einen Wacholderstrauch und wünscht sich den Tod. Müdigkeit und Todessehnsucht überfallen ihn, eine Lähmung, die wir immer wieder nach extremen Stresssituationen finden. Elia fällt in einen Tiefschlaf. Die letzte Stufe des Burnouts ist erreicht.

Aber nun kommt der Engel. Und insbesondere starke

38

Menschen müssen begreifen, dass es Situationen gibt, in denen sie zu erschöpft sind, um alleine zu gehen bzw. Entscheidungen zu treffen. Im Burnout braucht man Hilfe von außerhalb. Der Engel geht auf »Augenhöhe«, d. h. er begegnet Elia auf der einzigen ansprechbaren Ebene, bei seinen Grundbedürfnissen. »Steh auf und iss!« Von Maslow (1978) wissen wir, dass es Zeiten gibt, in denen ausschließlich physiologische Bedürfnisse wie schlafen, essen und trinken den Lebenshorizont bestimmen, »höhere« Bedürfnisse sind in diesen Zeiten einfach nicht vorhanden. Der Engel kommt zum zweiten Mal, so lange, bis Elia wieder wach ist und Hunger und Durst gestillt sind. Und beim zweiten Mal lenkt er Elias Blick nach vorne, auf den Weg, der vor dem Propheten liegt: »Steh auf und iss, denn du hast einen weiten Weg vor dir!«
Vierzig Tage und vierzig Nächte geht er nun bis zum Berg Horeb, tief in den Süden des Landes, und er kommt dort in eine Höhle. Gott fragt Elia, was er wolle. Eigenartig, diese Frage, denn Gott weiß es doch längst. Jetzt darf Elia erzählen, endlich einmal klagen. Gott selber hört ihm zu.
Auch wir selbst dürfen ausformulieren, was uns bewegt, müssen uns dies nicht immer von anderen sagen lassen. Jedoch ist das »Therapieprogramm« mit dem Gespräch noch nicht abgeschlossen. Elia geht auf das Geheiß Gottes zum Berg und erschrickt über den starken Wind, der

die Berge zerreißt und die Felsen zerbricht. Aber Gott ist nicht im Wind. Auch nicht im nachfolgenden Erdbeben – und nicht im Feuer. Wind, Erdbeben und Feuer sind die eindrücklichsten Erfahrungen, die man zur Zeit Elias machen konnte. Lauter, schriller und bewegter ging es nicht. Es gab keine stärkeren Stressoren. Aber Gott ist dort nicht zu finden. Elia erlebt ihn in einem stillen und sanften (lautlosen) Säuseln und muss Neues lernen. Er kommt aus den lauten und schrillen Ängsten und wird zu dem Punkt hingeführt, an dem er Gott im stillen Säuseln erkennen kann. Gott zeigt sich anders als am Sinai: Offenbar will er zukünftig anders handeln und kein direktes Gericht mehr an den Propheten befehlen. Gott zwingt Elia nicht, diese Änderung in einem Akt zu akzeptieren, sondern führt ihn langsam heran, bis er auch die leisen Töne hören kann.

Nach diesem »Lernprogramm«, das zu einem Paradigmenwechsel führt, geht Elia wieder zurück. Auch der Rückweg führt durch die Wüste. Jetzt aber mit neuen Perspektiven:

- Er erhält von Gott einen klar umschriebenen und beträchtlich verkleinerten Aufgabenbereich zugewiesen, nämlich zwei Könige zu salben.
- Er wird entlastet, muss nicht mehr alles allein tun. Er bekommt mit Elisa einen Begleiter, der ihn ersetzen kann.
- Und das Burnout, das dadurch zustande kam, dass er

im Sinne eines »verirrten Denkens« glaubte, scheinbar alle Aktivitäten seien umsonst gewesen, wird korrigiert und mit einer Verheißung versehen: Ich will siebentausend übrig lassen.

Zusammenfassung in 10 Punkten

Wenn wir abschließend – insbesondere für den gestressten Leser – nochmals alle bisherigen Erkenntnisse über Stress und Burnout zusammenfassen, dann ergibt sich ein übersichtliches 10-Punkte-Programm:

1. Stille sein und ruhen

In das Herz des Taifuns fliehen

»Im Herzen des Taifuns könnte ein Kind schlafen«, sagt ein asiatisches Sprichwort. Im Zentrum des Wirbelsturms ist es ganz still, während ringsum seine alles zerstörende Kraft tobt. Gelingt es einem Schiff oder einem Flugzeug, in die Mitte des Taifuns vorzudringen, so sind sie außer Gefahr. »Im Herzen des Taifuns könnte ein Kind schlafen.«
Nehmen wir das Bild vom Wirbelsturm als Gleichnis für die Welt, in der wir leben: Wir existieren in einem Zeitalter großer Stürme, die uns ängstigen, bedrohen, stressen. Das Dach der Welt scheint abgedeckt. Was gestern noch sicher und geborgen schien, ist hineingerissen in den Weltensturm, der auf unserer Erde tobt. Menschen, die sich gestern noch liebten und einander Gefährten waren, geraten hinein in den Wirbel der Entfremdung.

Eltern und Kinder verstehen sich nicht mehr, und es ist, als treibe ein dunkler Strom sie unwiederbringlich auseinander. Millionen haben ihre innere Ordnung, ihren Beruf, ihre Gesundheit, ja auch ihren Glauben verloren, und sie sind wie Treibsand vor dem großen Sturm, der sie vor sich herweht und nicht mehr zur Ruhe kommen lässt.

Aber auch Menschen, die alles noch haben – Familie und Heimat, Gesundheit, Arbeitsplatz und Glauben – schrecken in der Ahnung auf, dass dies genommen werden könnte. Was soll man da tun? Wohin soll man sich retten mit seiner Ungeborgenheit und Angst? Wo kann man sich bergen? »Im Herzen des Taifuns könnte ein Kind schlafen.« Wir müssen zum Herzen unserer Welt vordringen, zum Zentrum dieser Welt der Stürme und Verlorenheiten, dann sind wir gerettet. Erreichen wir das Herz des Taifuns, dann können wir aufatmen, dann können wir inmitten der Ängste – wie ein Kind schlafen, lachen, spielen und träumen.

In Christus hat Gott sein Herz auf diese Erde geworfen, in diese Welt der Stürme. Jesus ist das Herz des Taifuns, die Mitte, wo unsere Verlorenheit zu Ende ist. Wir können vor dem Taifun nicht flüchten, aber wir können uns retten in das Herz des Taifuns. Wir vertrauen uns, wie wir sind, Gottes Liebe an. »Im Herzen des Taifuns könnte ein Kind schlafen.«

Du sollst den Feiertag heiligen!

Dies ist eines der zehn großen Gebote Gottes. Es ist aber auch dasjenige Gebot, das in unserem Kulturkreis wohl am wenigsten beachtet wird – und die Folgen zeigen sich u. a. in Stress und Burnout. Gott hat den Menschen seine Gebote nicht gegeben, um sie damit zu manipulieren oder gar zu quälen. Sie sind notwendig, um zu überleben. Der Schöpfer des Menschen kennt seine Schöpfung am besten und er hat deshalb den Feiertag eingerichtet, um eine Zäsur zu setzen. Den Feiertag zu heiligen heißt, sich wieder neu auf Gott ausrichten. Dieses Gebot sollte man – auch als Prophylaxe gegen ein mögliches Burnout – sehr ernst nehmen. Wer im Lichte dieses Gebotes erkennt, dass er gegen Gottes Ordnung gesündigt hat, soll Buße tun und darf wissen, dass ihn Gott auf dem Weg der Umkehr segnen wird.

Ruhe als körperliche Entspannung

Gedanken, Gefühle und die körperliche Befindlichkeit hängen eng miteinander zusammen. Deshalb sind körperliche Entspannungsübungen eine große Hilfe, um dem Burnout zu begegnen. Hierzu braucht man nicht die Fitnesstudios, sondern eher eine mäßige Form der Bewegung. Spaziergänge, leichtes Jogging, Schwimmen usw. sind hervorragend geeignet, um körperlich zu entspannen. Danach sieht die Welt wieder ganz anders aus.

Vertraulich miteinander reden

Die meisten Gespräche, die wir führen, dienen dazu, unsere Meinung zu verbreiten, sie zu verteidigen, Recht zu bekommen bzw. das Recht durchzusetzen. So gesehen tragen sie allesamt dazu bei, Stress und Burnout zu fördern. Was häufig fehlt, ist eine Art von »Kaminkreis«, d. h. ein Ort, an dem man reden darf, ohne gleich verteidigen zu müssen, an dem man von Leid und Freude berichten kann, ohne dass die anderen Gesprächspartner auf eine kleine Pause warten, um sofort mit ihren eigenen Gedanken einzugreifen.

Sich in den großen Linien kompetent machen

Ein den Stress immer wieder neu anfachender Satz lautet: »Hast Du das schon gelesen?« oder: »Kennst du dieses neue Vorgehen schon?« Man kann bei der Fülle der jede Woche neu auf den Markt kommenden »ultimativen« Möglichkeiten mit heraushängender Zunge immer dem allerletzten und allerneuesten Schrei nachjagen. Diese Jagd kostet sehr viel Kraft – und zeugt von wenig Übersicht. Die großen Themen der Menschheit sind nicht neu. Immer wieder entdecken wir, dass die Sehnsucht nach Gott, nach Liebe und Geborgenheit, nach Ehre, nach Geld, nach Macht und nach Selbstverwirklichung die Menschen zu ihrem Handeln stimulieren. Man sollte vorab diese großen Zusammenhänge sehen, und wenn man sie erkannt hat, dann sind die scheinbar allerneuesten Verfahren oft nichts anderes als kosmetische Retuschierungen längst bekannter Tatsachen.

2. Sich selbst kennen und annehmen

Fachliteratur, die Hilfestellungen bei Stress und Burnout anbietet, leidet häufig darunter, dass sie nicht auf die individuelle Persönlichkeitsstruktur eingeht. Deshalb sind die Ratschläge manchmal für den einzelnen kaum nachvollziehbar.

Um dem Stress wirkungsvoll begegnen zu können, ist es erforderlich, dass man davon ausgeht, dass es eine breite Varianz der Persönlichkeitsstruktur gibt, dass man Möglichkeiten kennt, um diese zu ermitteln, und daran anschließend ein individuelles Therapieprogramm entwickeln kann.

In meinem Buch zur Persönlichkeitsdiagnostik (1997) habe ich eine große Zahl von Möglichkeiten beschrieben, die eine Selbsteinschätzung ermöglichen. Was das Burnout anbelangt, sollte besonders die Tiefenstruktur beachtet werden. Recht deutlich wird dabei, dass insbesondere Menschen mit sehr hohen Anteilen an Warmherzigkeit (d. h. die auf die Nähe von anderen deutlich angewiesen sind) und solche, die ein hohes Ausmaß an Korrektheit aufweisen, vom Burnout bedroht sind. Solche Menschen arbeiten oft bis zur völligen Selbstaufgabe. Sie müssen jedoch wissen, dass dies nicht immer ein Dienst an anderen ist, den sie dabei tun, sondern dass sehr wohl egoistische Motive hinter diesem Verhalten stehen können. Etwa unter dem Blickwinkel: »Ich will die Beziehung zu anderen Menschen nicht verlieren, mein Leben hat sonst keinen Sinn« und: »Es soll alles so bleiben, wie es bisher war, Änderungen stören meine Einstellungen zum Leben.« Wer in extremer Weise so sein Leben plant, wird schnell zum »hilflosen Helfer«, gehört zur Gruppe der »Frauen, die zu sehr lieben«, oder geht eine unheilvolle Kodependenz mit seinem möglicherweise suchtgefährdeten Ehepartner ein.

unkonventionell

Je weiter oben und je weiter links Sie sich einschätzen, umso weniger Probleme haben Sie mit dem Burnout, weil Sie zum einen ihre eigenen Regeln und Gesetze aufstellen und zum andern recht gut zwischen Denken und Fühlen trennen können.

Je weiter nach rechts Ihre Einschätzung ausfällt, umso mehr sind Sie vom Burnout bedroht. Die gleichzeitige Einschätzung nach oben verringert die Tendenz zum Burnout hin.

sachlich — warmherzig

Je deutlicher Ihre Ausprägung nach unten hin ausfällt, umso korrekter müssen Sie arbeiten und sind daher vom Burnout bedroht. Die Einschätzung nach links verringert die Nähe zu anderen Menschen und kann die Tendenz zum Burnout verringern.

In diesem Quadranten ist die Gefahr, ausgebrannt zu werden, am größten, und zwar je mehr nach rechts und je mehr nach unten Sie sich im Koordinatensystem einschätzen.

korrekt

3. Hilfe annehmen

Hilfe von Gott annehmen

Der tief schlafende Prophet musste vom Engel geweckt werden, damit er überhaupt Brot und Wasser sehen und annehmen konnte. Manche Menschen sind so sehr ausgebrannt, dass sie kaum mehr Hilfe »von oben« annehmen wollen. Das Gebet mag zwar noch eine Routineangelegenheit sein – aber die Erwartung, die an die Hilfe Gottes geknüpft wird, ist kaum mehr vorhanden. Wir dürfen wieder ganz neu lernen, dass uns Gott beschenken und mit dem Nötigsten versorgen will, ohne von uns eine Eigenleistung zu verlangen. Plötzlich steht der Engel Gottes als Bote da und will uns dienen. Wir wollen die müden Augen öffnen! Der Bote Gottes – und das kann in dieser Stunde auch der Ehepartner oder ein lieber Freund sein – ist den Ausgebrannten näher, als sie dies im Augenblick für möglich halten.

Hilfe von Nächsten annehmen

Wer immer gewohnt ist, für andere da zu sein, tut sehr schwer, plötzlich andere Menschen zu brauchen. Er scheut sich, seine Bedürftigkeit offen auszusprechen. Wir müssen als Verantwortliche wissen, dass es (obwohl wir dies im gestressten Zustand kaum glauben können) Men-

schen gibt, von denen wir Hilfe annehmen dürfen. Dem andern etwas »mitteilen« heißt, die Last mit ihm zu teilen. Wir müssen aber den »Engeln« (Boten) in der Gemeinde deutlich machen, dass es wenig hilfreich ist, nur zu sagen: »Du solltest weniger arbeiten«, sondern dass sie wirklich etwas tun müssen, um konkret zu helfen, z. B. dass sie sich Zeit nehmen, um uns anzuhören.

4. Distanz zur Arbeit

Zeitliche Distanz

Der erschöpfte Prophet erhält nicht gleich wieder einen neuen Auftrag. Daraus können wir lernen, dass Arbeit zwar eine wichtige Säule in unserem Leben ist, aber nicht zum Götzen werden darf. Wir brauchen unbedingt zeitlichen Abstand, wenn wir ausgebrannt sind.
Im 3. Kapitel des Predigerbuches werden Zeit und Leben in einen Zusammenhang gebracht, wie er nirgendwo treffender und schöner formuliert werden könnte: *Ein jegliches hat seine Zeit, und alles Vorhaben unter dem Himmel hat seine Stunde: geboren werden hat seine Zeit, sterben hat seine Zeit …*

Alles hat seine Zeit – was ist denn überhaupt Zeit?

Es gibt in der griechischen Sprache verschiedene Worte für Zeit, die uns helfen können, mit dem Burnout qualifizierter umzugehen:

Chronos ist die ständig ablaufende, gleichförmige Zeit. Sie ist durch den Wechsel von Abend und Morgen, Sommer und Winter, den Lauf der Fixsterne und Planeten usw. bestimmt. Nach ihr messen wir die Jahre und stellen die Uhren. Es ist die Zeit der Physik. Sie nimmt keine Rücksicht auf das, was in der jeweiligen Zeit passiert. Sie vergeht einfach, ob ein Mensch nun krank oder gesund, fröhlich oder traurig ist – die Uhr läuft immer gleich schnell.

Wir wissen aber, dass unser menschliches Empfinden nicht durchgängig diesem Zeitschema entspricht. Wir haben zwar auch Zyklen in uns – jedoch auch noch einen anderen Zeitbegriff, der viel eher dem griechischen Wort *Kairos* entspricht. Mit Kairos ist eine »Zeitenwende« gemeint, was bedeutet, dass im Zeitstrahl des Chronos etwas Entscheidendes passiert, dass sich sozusagen Chronos und Kairos schneiden.

Kairos kann die Geburt eines Menschen sein, Kairos kann sein, wenn wir uns für einen Ehepartner entscheiden, für einen Beruf, für einen neuen Wohnort. Immer sind dies entscheidende Wenden, die der darauf folgenden wieder gleichmäßigen Zeit eine ganz neue Richtung geben. Auch für die Begegnung mit Gott in seinem Sohn Jesus Christus gilt dieser Kairos. »Heute, wenn ihr seine Stimme hören werdet, so verstockt eure Herzen nicht« kann zu einer entscheidenden Zeitenwende im ansonsten alltäglichen Lebenslauf werden.

»Alles hat seine Zeit« muss demnach immer unter dem Doppelaspekt gesehen werden:

Lass dir Zeit, vieles muss wachsen, Du musst heute nicht alles erledigen, jeder Tag hat seine eigene Sorge. Diese Aussage zur Zeit gilt für Menschen, die durch ihre Aktivität und Präzision zum Burnout gekommen sind, für Stressgeplagte und solche, die meinen, alles allein und heute erledigen zu müssen, ganz besonders.

Es gibt für manche wichtige Dinge *entscheidende Zeiten*, die die weitere Zukunft ganz wesentlich bestimmen. Man kann, wenn diese entscheidende Wendezeit gekommen ist, plötzlich einen ganz neuen Weg gehen, der vorher gar nicht sichtbar war. Man muss zum einen warten und zum anderen sofort zugreifen. Für solche Menschen, bei denen nichts passiert oder die entscheidungsschwach sind, kann Kairos, wenn sie nicht aufgemerkt haben, wieder verstreichen – und dann muss man möglicherweise lange warten. Aber man darf auch wissen, die Zeit des Burnout ist nicht endlos. Es kommt immer wieder die Chance umzukehren.

Fachliche Distanz ist notwendig

Man darf nicht nur an andere Menschen im negativen bzw. helfenden Sinne denken, denn sonst sieht man die Welt nur noch mit ihrem Leid oder den Schwächen. Für stressgeplagte Menschen ist es deshalb wichtig, sich immer wieder in Situationen zu begeben, in denen sie »normalen« Menschen begegnen. Hierzu gibt es eine altbekannte gute Möglichkeit: Abstand durch Spiel zu gewinnen. Sie haben richtig gelesen, auch Erwachsene sollten häufiger spielen – auch wenn es im ersten Augenblick wie Zeitverschwendung aussieht. In einer Legende wird vom Apostel Johannes erzählt, dass er gerne mit seinem zahmen Rebhuhn spielte. Eines Tages kam ein Jäger zu ihm. Er wunderte sich, dass Johannes, ein so angesehener Mann, spielte. Er hätte doch in der Zeit viel Gutes und Wichtiges tun können. Deshalb fragte er: »Warum vertust du deine Zeit mit Spielen? Warum wendest du deine Aufmerksamkeit einem nutzlosen Tier zu?« Johannes schaute ihn verwundert an. Warum sollte er nicht spielen? Warum verstand der Jäger ihn nicht? Er sagte deshalb zu ihm: »Weshalb ist der Bogen in deiner Hand nicht gespannt?« – »Das darf man nicht«, gab der Jäger zur Antwort. »Der Bogen würde seine Spannkraft verlieren, wenn er immer gespannt wäre. Wenn ich dann einen Pfeil abschießen wollte, hätte er keine Kraft mehr.« Johannes antwortete: »Junger Mann, so wie du deinen

Bogen immer wieder entspannst, so musst du dich selbst auch immer wieder entspannen und erholen. Wenn ich mich nicht entspanne und einfach spiele, dann habe ich danach keine Kraft, das zu tun, was notwendig ist und den ganzen Einsatz meiner Kräfte fordert.«

5. Vorsicht vor falschem Mitleid

Falsches Mitleid kann sehr gefährlich werden, und besonders sensible Menschen brauchen deshalb einen klaren Blick. Wenn Ihre Perspektivenübernahme so weit führt, dass sie die eigene Sensibilität auf alle anderen Menschen übertragen, dann sind Sie gefährdet. Es gilt, das richtige Maß zu finden zwischen Mit-Leiden und Mit-Freuen, Distanz und Nähe. Die Liebe ist langmütig und freundlich – aber sie muss auch diagnostisch scharfblickend sein, denn wir lesen in 1. Korinther 13 auch: »… sie freut sich aber an der Wahrheit.«

6. Eine andere Welt- und Gottessicht

Relativieren

Mit dem in der Bibel üblichen Weltbild gehören Freude und Leid, ausbrennen und auffüllen komplementär zusammen. Dies müssen wir uns immer wieder neu deutlich machen. Viele Liedverse helfen hierzu. Ganz besonders Paul Gerhardts bekannter Vers: »Auf, auf, gib deinem Schmerze und Sorgen gute Nacht, lass fahren, was das Herze betrübt und traurig macht; bist du doch nicht Regente, der alles führen soll, Gott sitzt im Regimente und führet alles wohl.«

Es ist wichtig, dass wir erkennen, dass wir das Werkzeug sind und nicht der Werkzeugmacher. Ein solches Denken relativiert unsere Anstrengungen.

Auch Oswald Chambers spricht eine sehr deutliche Sprache, wenn er sagt: »Die praktische Arbeit kann ein Gegner unserer Hingabe an Gott sein, weil sie von den folgenden Begründungen gestützt wird: ›Bedenke, wie nützlich du hier bist!‹ oder: ›Bedenke, von welchem Wert du in dieser besonderen Arbeit sein könntest!‹ Diese Einstellung macht nicht Jesus Christus zum Führer, sondern sie setzt unsere Meinung darüber, wo wir am nützlichsten sein könnten, als Führer ein. Erwäge nie, ob du von Nutzen bist; aber denke immer daran, dass du nicht dir selbst gehörst, sondern Ihm.«

Wir sind nicht alleine

Im Hebräerbrief (Kapitel 12) ist von der Wolke der Zeugen die Rede, die uns auf der Rennbahn des Glaubens begleitet. Stellen wir uns doch einfach vor, dass die vielen

Glaubenshelden auf den Rängen sitzen und unseren Lauf anfeuern. Sie sind vor uns diese Strecke schon gelaufen und nun stellen wir uns vor, dass sie uns ermutigend zurufen: Es dauert nicht mehr lange! Auf, renne weiter! Schau nach vorne! Der Siegeskranz steht bereit.

Das Schönste kommt noch

Man braucht ein Ziel, auf das man sich freuen kann. Wenn die selbst gesteckten Ziele nicht mehr erreichbar sind, dann müssten wir ausbrennen, wenn es nicht eine positive Zukunft gäbe. Christen wissen: Das Schönste kommt noch.

7. Von der Vergebung leben

Allzu viel psychische Kraft wird dafür gebraucht, Lebenssituationen, die längst der Vergangenheit angehören, immer wieder zu aktualisieren. Wir sollten die Vergangenheit qualifiziert abschließen und dann einen neuen Weg beschreiten. Christen haben eine Dimension, die sie selbst erfahren haben, um mit der Vergangenheit abzuschließen: die Vergebung. Wir beten immer wieder: »Und vergib uns unsere Schuld, wie auch wir vergeben unsern Schuldigern.« Gott hat unsere Bitte eingelöst. Durch Jesus Christus haben wir die Vergebung der Schuld erfahren.

Wie aber sieht es mit unserer eigenen Vergebung aus? Zu vergeben ist ein willentlicher Akt, der mit dem Gefühl nichts zu tun hat. Ich würde sogar davon ausgehen, dass zwischen dem Wollen und der gefühlsmäßigen Veränderung eine zeitliche Phasenverschiebung besteht. Das bedeutet, dass man möglicherweise noch einige Zeit warten muss, bis das Gefühl mit dem Denken kongruent wird. Diese Zeit sollte man einplanen.
Wer von der Vergebung lebt, kann seine Kräfte nach vorne hin einsetzen. Er darf dann wissen: »Heute ist der erste Tag meines restlichen Lebens.«

8. Begrenzung der Aufgaben

Stress und Burnout haben viel zu tun mit der Fülle der Aufgaben, Sorgen und Nöte, die auf den Menschen einstürmen. Insbesondere diejenigen Probleme, die eine größere Zahl von Unbestimmtheiten bzw. Unsicherheitsfaktoren in sich bergen, sind nachgewiesenermaßen angstinduzierend. Von Elia wissen wir, dass seine Aufgaben begrenzt wurden. Wer im Burnout lebt, muss systematisch daran arbeiten, dass er seinen Aufgabenbereich verringert bzw. Aufgaben delegiert.
Wenn dann immer noch vieles übrig bleibt und die Sorgen in der Nacht das Einschlafen verhindern wollen, die ungelösten Probleme immer wieder ins Bewusstsein

kommen, dann verwende ich ein für mich sehr hilfreiches Bild: Ich stelle mir vor, dass neben meinem Bett ein großer leerer Korb steht. Und ich lege jetzt jeden sorgenvollen Gedanken einzeln und bewusst in diesen Korb. Ich wälze, getreu dem biblischen Motto, jede einzelne Sorge von mir weg und auf Gott ab. Ich weiß, er wird diesen Korb »entsorgen«. Das belastete und ausgebrannte Herz wird beim Abgeben eines jeden Problems leichter – und wenn die Last wiederkommen will, dann wälze ich sie nochmals in den Korb, so lange, bis dieser ganz voll und mein Herz ganz leicht geworden ist. Zumeist merke ich aber die kleiner werdende Last gar nicht mehr, weil ich schon in großer Ruhe eingeschlafen bin. Dies ist kein »Verdrängen«, sondern die biblische Art der Entsorgung: »Alle eure Sorgen werft auf ihn, denn er sorgt für euch« (1. Petr. 5,7).

Eine weitere Hilfestellung ist das Wissen, dass jede Aufgabe ihre Grenze hat. Mein praktischer Vorschlag ist, diese Grenze zu suchen und so lange zu halbieren, bis sie beschreibbar (operationalisierbar) ist. Wenn die Grenzen nachprüfbar und messbar beschrieben sind, dann kann das Ausmaß des Burnouts auch beschrieben werden. Vor einem solchen Hintergrund ist es dann auch möglich, Änderungen quantitativ festzuhalten und damit systematisch an einer Verbesserung des Zustandes zu arbeiten. Die Unübersehbarkeit und Resignation des Ausbrennens kommt oft daher, dass wir nicht operationalisieren.

9. Begleitung durch andere

Es mag sein, dass einzelne Menschen (ganz besonders vor dem Hintergrund der oben beschriebenen Persönlichkeitsstruktur) weniger auf Kommunikation und persönliche Begegnung mit anderen angewiesen sind. Dennoch muss man auch ihnen sagen, dass zur Therapie des Burnouts Gemeinschaft nötig ist. Wir wissen von den vielen Berichten aus der Bibel und der Kirchengeschichte von den heilsamen Auswirkungen der Gemeinschaft. Auch wenn man noch so gestresst und ausgebrannt ist, gilt: Wer sich in die geistliche Gemeinschaft der Schwestern und Brüder begibt, um mit ihnen gemeinsam zu singen, zu beten und das Wort Gottes zu hören, wird gesegnet zurückkehren.

10. Stress muss kein Dauerzustand bleiben

Die vor wissenschaftlichem Hintergrund beschriebenen sieben Phasen des Ausbrennens enden fatal mit der Verzweiflung des gestressten Menschen. Die geschmolzene Kerze kann aber wieder neu zu brennen beginnen. Wir müssen wissen, dass Burnout keine Einbahnstraße ohne Umkehrmöglichkeit ist. Vielleicht ist das Burnout sogar für manchen Menschen die entscheidende Krise, ohne die er sein Leben nie geändert hätte. Dann aber sollte man wissen: Alles hat seine Zeit, ausbrennen und wieder entfacht werden.

Eines der viel zu wenig gesungenen Lieder (Jane C. Simpson, 1811–1886) kann helfen, die Sorgen abzulegen und den Weg zurückzufinden:

1. Mit dir, o Herr, verbunden, fühl ich mich nie allein; mir bleibt zu allen Stunden dein tröstlich Nahesein. In frohen, lichten Tagen, auf blumenreicher Bahn darf ich mein Glück dir sagen, und du nimmst teil daran.

2. Doch wenn die Wunden brennen, der Pfad voll Dornen ist, dann lernt man erst erkennen, wie stark und treu du bist. Du kannst den Schmerz verstehen, den keiner sonst versteht, du kannst die Wunde sehen, die jedem Blick entgeht.

3. Wenn andrer Wohl und Wehe mir tief zu Herzen geht, wenn ich Gefahren sehe, wenn man mich missversteht, dann darf ich vor dich treten, und niemand weiß davon; du hörst das stille Beten, das leise Seufzen schon.

4. Wenn mir die Worte fehlen, du siehst den Glaubensblick, du kennst den Grund der Seelen und ordnest mein Geschick. Und wenn ich gar nicht sehe, wie alles werden soll – ich bleib in deiner Nähe und harre glaubensvoll.

5. Wie könnt ich einsam werden? Wir sind ja immer zwei; im Glück und in Beschwerden bist du, o Herr, dabei. Was ich dir nicht darf sagen, da will ich nichts davon; denn alles will ich tragen, o Herr, vor deinen Thron!

Literatur

Burisch, M.: Das Burnout-Syndrom. Theorie der inneren Erschöpfung. Berlin/Heidelberg 1994[2].

Dieterich, M.: Wir brauchen Entspannung. Gießen 1988.

Dieterich, M.: Persönlichkeitsdiagnostik. Wuppertal 1997.

Maslow, A. H.: Motivation und Persönlichkeit. Olten/Freiburg 1978.

Schall, T.: Erschöpft – müde – ausgebrannt. Würzburg 1993.

Schmidbauer, W.: Hilflose Helfer. Über die seelische Problematik der helfenden Berufe. Reinbek bei Hamburg 1995.

Tausch, R.: Hilfen bei Streß und Belastung. Reinbek bei Hamburg 1995.

Zander, H. C.: Von der rechten Art, den Glauben zu verlieren. Münster o. J.